W0299880

Nés en
1953

Le livre de ma jeunesse

Tous les souvenirs de mon enfance et de mon adolescence

À Marilù et Popeline

Les auteurs tiennent à remercier Michel Fenioux, témoin indéfectible de leurs aventures éditoriales, Maud Sinet et Jean-Pierre Bouyxou pour leur complicité permanente, Yves Adrien et Stéphane Molinier pour leur inestimable soutien, ainsi que Christian Eudeline, Romain Hannebert, Christian Marmonnier, François Jouffa, Paulette, Denis et Patricia Chollet, Suzanne Leroy, Madeleine et Claude Léger, et François Julien, qui ont bien voulu ouvrir leurs collections et contribuer à la réalisation de cet album. Et bien entendu Isabelle Lerein, Carola Strang, Christophe Salet, Mathilde Delattre-Josse, Laetitia Matusik et toute l'équipe des Éditions Hors Collection, sans lesquels cet ouvrage n'aurait pu voir le jour.

© 2013, Éditions Hors Collection
Tous droits réservés pour tous pays.

ISBN 978-2-258-10134-0
Numéro d'éditeur : 1282

Conception graphique :
Mathilde Delattre-Josse
mathildedelattre@wanadoo.fr

Achevé d'imprimer en Italie par Zanardi.
Dépôt légal : janvier 2013

Retrouvez-nous sur Internet : www.horscollection.fr
et www.facebook.com/HorsCollection

Hors Collection | un département **place des éditeurs**

place des éditeurs

Nés en
1953

Le livre de ma jeunesse

Tous les souvenirs de mon enfance
et de mon adolescence

Armelle Leroy • Laurent Chollet

HORS }{ COLLECTION

1953
ALMANACH
des
POSTES TÉLÉGRAPHES ET TÉLÉPHONES
1953
JANVIER
FÉVRIER
MARS
AVRIL
MAI
JUIN
JUILLET
AOUT
SEPTEMBRE
OCTOBRE
NOVEMBRE
DÉCEMBRE
LE BAIN DE BÉBÉ
IMPRIMERIES OBERTHUR, RENNES-PARIS

SOMMAIRE

1953 Les grands événements

JANVIER
Tintin sur la Lune : Casterman publie le 16e album des aventures de Tintin, *Objectif Lune*

20/01/1953 :
Dwight D. Eisenhower : début du premier mandat du 34e président des États-Unis, élu en novembre 1952 avec 55 % des suffrages.

25/02/1953 :
Monsieur Hulot : sortie en salles du film *Les Vacances de Monsieur Hulot*, de Jacques Tati.

05/03/1953 :
Staline : décès de Joseph Staline, dirigeant de l'Union soviétique depuis 1929.

AVRIL 1953 :
Charlie Chaplin : ayant fui le maccarthysme, le père de Charlot s'installe avec sa famille à Corsier-sur-Vevey, en Suisse, où il vivra jusqu'à sa mort.

22/04/1953 :
Le Salaire de la peur : le film d'Henri-Georges Clouzot obtient le Grand Prix au Festival de Cannes.

25/04/1953 :
ADN : la revue scientifique *Nature* publie un article du biologiste américain James Watson et du physicien britannique Francis Crick sur leur découverte de la structure de l'ADN.

16/05/1953 :
Django Reinhardt : décès à Samois-sur-Seine (France) du génial guitariste de jazz belge.

29/05/1953 :
Conquête de l'Everest : le Néo-Zélandais Edmund Hillary et le sherpa Tensing Norgay sont les premiers hommes à poser le pied sur le toit du monde.

27/07/1953 :
Armistice de Panmunjeom : cet armistice, signé entre la Corée du Nord / Chine et l'Organisation des Nations Unies, met officiellement fin à la guerre de Corée.

02/06/ 1953 :
Couronnement : la cérémonie de couronnement de la reine Élisabeth II d'Angleterre marque la première retransmission internationale d'un événement en direct par la télévision.

26/07/1953 :
Louison Bobet : pour sa sixième participation, le cycliste français remporte pour la première fois le Tour de France. Il renouvellera l'exploit les deux années suivantes.

11/09/1953 :
Chantons sous la pluie : sortie en France du célèbre film musical avec Gene Kelly.

12/09/1953 :
JFK et Jackie : John Fitzgerald Kennedy, futur président des États-Unis, et Jacqueline Lee Bouvier se marient à Newport, Rhode Island, devant plus de 800 invités.

11/08/1953 :
Niagara : sortie en France du film de Henry Hathaway, le second dans lequel Marylin Monroe occupe le rôle principal.

OCTOBRE 1953 :
Brassens à Bobino : pour son second passage dans cette salle de music-hall parisienne, Georges Brassens triomphe en tête d'affiche.

20/11/1953 :
Opération Castor : début de la plus grande opération aéroportée de la guerre d'Indochine, dont l'objectif est de s'emparer de la plaine de Diên Biên Phu.

23/12/1953 :
René Coty est élu président de la République par le Parlement réuni en Congrès à Versailles.

Ils sont nés en... 1953

01/01/1953
PHILIPPE DOUSTE-BLAZY
homme politique français

16/03/1953
ISABELLE HUPPERT
comédienne française

27/04/1953
ARIELLE DOMBASLE
actrice et chanteuse française

06/05/1953
TONY BLAIR
homme politique britannique

28/01/1953
RICHARD ANCONINA
acteur français

09/05/1953
BÉATRICE SCHÖNBERG
journaliste française

11/06/1953
JOSÉ BOVÉ
militant altermondialiste et homme politique français

07/06/1953
JOHNNY CLEGG
chanteur sud-africain

16/05/1953
PIERCE BROSNAN
acteur et producteur de cinéma irlando-américain

22/06/1953
CYNDI LAUPER
chanteuse américaine

14/07/1953
DOROTHÉE
chanteuse et animatrice TV française pour enfants

03/09/1953
JEAN-PIERRE JEUNET
cinéaste français

09/09/1953
PHILIPPE RISOLI
animateur de télévision français

13/09/1953
MIREILLE DUMAS
productrice et animatrice de télévision française

09/08/1953
CHRISTOPHE SALENGRO
président de Groland

21/09/1953
MARC PAJOT
navigateur français

14/11/1953
PATRICK SÉBASTIEN
imitateur, humoriste, animateur français

22/09/1953
SÉGOLÈNE ROYAL
femme politique française

23/11/1953
FRANCIS CABREL
chanteur français

14/11/1953
DOMINIQUE DE VILLEPIN
ancien Premier ministre français

04/12/1953
JEAN-PIERRE DARROUSSIN
acteur français

08/12/1953
KIM BASINGER
actrice américaine

01/12/1953
ANTOINE DE CAUNES
homme de télévision français

28/12/1953
RICHARD CLAYDERMAN
pianiste français

Et pour la première fois cette année-là...

La Super Cocotte Seb

La marque Seb lance un nouvel autocuiseur, la Super Cocotte, qui ne deviendra la Cocotte Minute qu'en 1978.

Le Thermolactyl

L'entreprise Damart invente la fibre Thermolactyl, qu'elle utilise pour confectionner une gamme de sous-vêtements rendus célèbres par le slogan : « Froid, moi ? Jamais ! ».

La Ricoré

Nestlé crée la Ricoré, la plus célèbre marque de boisson chaude du petit-déjeuner, mélange de chicorée et de café solubles.

La Patrouille de France

Création de la Patrouille de France, formation acrobatique de l'Armée de l'air.

James Bond

James Bond apparaît pour la première fois sous la plume de l'écrivain britannique Ian Fleming dans le roman *Espions, faites vos jeux*.

Playboy

Parution du premier numéro du magazine américain *Playboy*, fondé par Hugh Hefner, avec Marylin Monroe en couverture.

Le micro-ondes

Commercialisation du premier modèle de four à micro-ondes, le Radarange de la société Raytheon, vendu… 3 500 dollars ! (Ici un modèle domestique de 1967.)

LA CHAMBRE D'UN ENFANT

Du neuf et du fonctionnel

Encouragés par la croissance, les parents investissent dans l'aménagement des chambres d'enfants. Le mobilier est modulable et fonctionnel, le papier peint ose déjà quelques fantaisies…

L'exode rural s'accentue, les logements manquent cruellement dans les villes. Au sein de logements minuscules, les enfants dorment à plusieurs par chambre sur des canapés pliants ou gigognes, mais les lits superposés restent une des meilleures solutions. Les papiers peints à fleurs ou à rayures ne doivent pas être abîmés, pas question d'accrocher la moindre image dessus ! Et malgré l'exiguïté, un ordre parfait règne. En 1958, le gouvernement français constate un déficit de 4 millions de logements. Les villes sont saturées, la solution vient des communes limitrophes. L'État distribue des primes et de nombreux ménages achètent à crédit des pavillons en banlieue. Des grands ensembles sont édifiés, composés de logements sociaux appelés HLM (Habitation à loyer modéré). Plus de 400 000 familles s'installent chaque année dans de confortables appartements. L'époque a changé, rien ne semble trop beau pour les enfants. Les parents leur offrent des meubles modernes et chez les fillettes, de romantiques plumetis roses et des mousselines vaporeuses compensent la froideur du nouveau mobilier. Pour les garçons, on privilégie la toile de Jouy bleue ou verte pour recouvrir les murs. Les tiroirs et autres étagères fonctionnelles permettent de ranger les livres, les petits soldats, les Indiens et les cow-boys.

Tiroirs intégrés au sommier du lit, meubles transformables, objets multifonctions… le mobilier des chambres d'enfants s'adapte à des surfaces de plus en plus réduites.

Avec son célèbre « cadeau Bonux », la marque de lessive lance la vague des gadgets en plastique qui vont bientôt submerger les chambres des enfants.

Un espace de compromis

La chambre des ados devient un lieu de compromis : le choix des meubles est laissé aux parents contre la liberté de recouvrir les murs de posters, le temps dédié aux études se négocie contre celui passé à écouter de la musique…

Les mères possèdent encore une mainmise totale sur l'aménagement de l'espace des filles, moins émancipées que leurs frères. Les jouets disparaissent, seule la poupée préférée se retrouve sur la commode. Sur les murs, les jeunes filles accrochent les posters offerts par le magazine *Salut les*

LA CHAMBRE D'UN ADO

Jonglant entre classicisme et modernité, les chambres des adolescents des années 1960 ressemblent à leurs occupants… et un peu aussi à leurs parents.

copains et refusent le papier peint en liberty. Elles obtiennent la permission de punaiser Françoise Hardy, Sylvie et France Gall sur leurs placards contre la promesse de ranger leur chambre. Si elles apprécient les nouveaux meubles laqués de blanc, elles subissent stoïquement la coiffeuse juponnée de rose ou de vichy car elles peuvent ainsi acheter du maquillage. Leurs frères ont, eux, remporté le droit d'imposer leurs goûts et leurs idées dans leur pièce. Leur nouveau combat maintenant est d'en interdire l'accès aux adultes et d'y faire entrer le plus de copains possible ! Ils ont accroché leurs idoles aux murs et ils privilégient les groupes anglo-saxons, tels les Stones et les Beatles. Mais la fierté des garçons reste leur tourne-disque qui trône au milieu du bureau tandis que les vinyles recouvrent les cahiers de cours.

LA CLASSE D'UN ENFANT

Une école en mutation

À l'image du pays, l'école évolue : les classes se modernisent et de jeunes enseignants introduisent des méthodes plus pédagogiques.

L'école change, même si certaines transformations paraissent imperceptibles. Les enfants sont de plus en plus nombreux et plus assidus, les parents poussent leur progéniture à acquérir une base solide d'instruction. Pour beaucoup, le certificat d'étude n'est plus suffisant, l'accès au collège devient une évidence et le lycée un espoir. Il reste de redoutables maîtres et maîtresses, certains d'entre eux donnent en punition des centaines de lignes à recopier, mettent les cancres « au piquet » ou au coin, et même, les coiffent de l'humiliant « bonnet d'âne » (bien que celui-ci soit officiellement interdit depuis la fin de la Seconde Guerre mondiale). Mais ces instituteurs sont peu à peu remplacés par une nouvelle génération d'enseignants qui ont acquis des méthodes modernes. Moins sévères, ils font preuve de pédagogie et de psychologie. Les poêles disparaissent des salles de classe. Grâce à des subventions, les directeurs installent le chauffage central. Les tabliers demeurent obligatoires, mais rivalisent de fantaisie : vichy rose ou bleu, à fleurs, poches et même ornements en dentelle font le bonheur des fillettes. Sur les murs, les vieux panneaux sont remplacés par des modernes, ludiques et colorés. Ils représentent les saisons, les animaux ou les fleurs des champs. On a rangé au placard les cartes de l'Indochine. Pendant le cours d'éducation civique, les instituteurs et les institutrices tentent d'expliquer aux élèves les dramatiques « événements » d'Algérie.

Aïe ! Le moment tant redouté de la récitation en face de tous les camarades. « J'ai la mémoire qui flanche... »

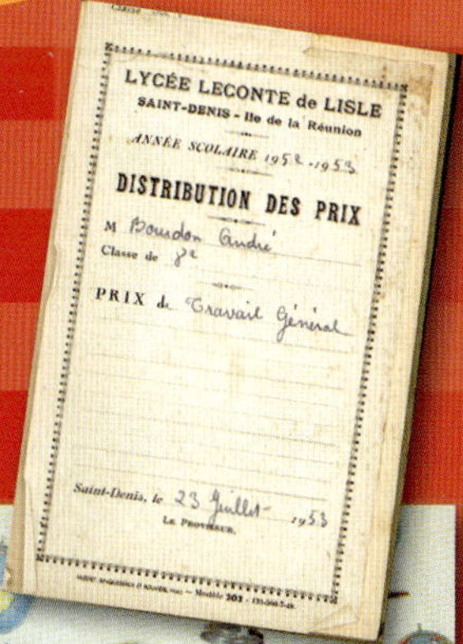
LYCÉE LECONTE de LISLE
SAINT-DENIS - Ile de la Réunion
ANNÉE SCOLAIRE 1952-1953
DISTRIBUTION DES PRIX
M Bourdon André
Classe de 8e
PRIX de Travail Général
Saint-Denis, le 23 Juillet 1953
LE PROVISEUR.

Le joli mois de mai

Après les événements de Mai 68, ce sont des lycéens épris de liberté qui reprennent le chemin du « bahut ». L'enseignement devra s'adapter.

Pour les plus jeunes, l'année 1968 est considérée comme une aubaine, synonyme de longs mois de vacances sans école. Mais de nombreux adolescents s'impliquent sérieusement dans les grèves et rêvent de changer le monde. Ils reprennent le chemin du lycée avec un enthousiasme mitigé : certes, leur conscience politique est sans faille, mais ils revendiquent le droit à la paresse et l'interdiction d'interdire en s'inspirant de sympathiques slogans. Les professeurs

LA CLASSE D'UN ADO

eux-mêmes sont presque tous syndiqués et leur cœur penche « à gauche ». Certains parents craignent un endoctrinement politique et choisissent d'inscrire leurs enfants dans des cours privés. Dans les lycées publics, la mixité oblige les adolescents à apprendre à cohabiter. De nombreuses amourettes souvent éphémères se forment, la révolution sexuelle est passée par là. Les professeurs doivent trouver les bases d'un système éducatif complètement bouleversé, il s'agit de mettre en place une nouvelle façon d'enseigner face à des élèves épris de liberté. Un grand nombre de lycées vétustes sont remplacés par des bâtiments modernes aux laboratoires de langues et de sciences à la pointe de la technologie.

Les blouses ne sont plus obligatoires et les filles peuvent se rendre au lycée maquillées et en pantalon.

LES JOUETS DES FILLES

Barbie superstar !

Comment résister au mannequin blond venu des États-Unis ? Barbie balaye ses rivales et force les autres poupées à se sophistiquer. Mais jouer à la maman exemplaire ne suffit pas : il faut aussi se préparer à être une fée du logis !

Cette année, Noël sera… américain ! Toutes les filles espèrent avoir une Barbie et ses jolis vêtements. Comment ne pas rêver devant une telle merveille ? Dans le magasin, la boîte elle-même met en valeur la poupée mannequin. Une bande de plastique transparent retient les beaux cheveux souples et écrase un peu le nez. En se penchant, on aperçoit de minuscules et ravissantes chaussures à talons aiguilles et, sous la robe à la dernière mode, on devine les jolis sous-vêtements ! Il faut mériter un tel cadeau et être assez grande pour pouvoir en prendre soin. Les petites sœurs devront se contenter d'une poupée traditionnelle, mais elles ne perdront pas au change car, grâce à un astucieux mécanisme camouflé dans son ventre, leur « fille » peut désormais rire et dire maman. Certaines poupées font même pipi ! Mais apprendre son rôle de petite maman ne semble pas suffisant. Les jouets d'imitation permettent de former les fillettes à leurs futures tâches ménagères. Les dînettes en plastique concurrencent des appareils ménagers reproduits à la perfection. Un magnifique aspirateur avec un vrai moteur connaît un véritable succès, un moyen efficace pour aider maman tout en s'amusant !

Barbie et Ken, personnages à habiller en carton dur, 1964

Barbie
Coupon à remettre à votre détaillant de jouets.
Je désire devenir membre du Club Barbie
NOM .... PRÉNOM ....
NÉE LE .... A ....
ADRESSE ....
VILLE ....
DPT ....
distribué par:

Pour ranger sa poupée Barbie, Mattel propose de ravissantes mallettes.

Le petit écran impose ses héros

Les héros « vus à la télé » s'invitent dans les jeux des enfants. Ils concurrencent sérieusement les jeux plus traditionnels : petits soldats, voitures miniatures, trains électriques…

La télévision - malgré ses deux uniques chaînes et ses images en noir et blanc - inspire les fabricants de jouets. Les petits garçons défilent dans les magasins et s'enthousiasment devant les panoplies : celle de Zorro reste la favorite, mais elle est également la plus onéreuse. On peut aussi se constituer la tenue de Josh Randall : il existe une véritable Winchester à canon scié, une authentique cartouchière en cuir et l'incontournable chapeau de cow-boy. Et voici un couvre-chef du 7e de cavalerie, indispensable pour se transformer en Rusty ! Malheureusement, les parents ne seront

Les États-Unis exportent leurs mythes : tandis que les parents rêvent de l'American way of life, les enfants se glissent dans les bottes des courageux cow-boys.

À droite : la Winchester à canon scié de Josh Randall.

LES JOUETS DES GARÇONS

L'Aston-Martin DB 5 de James Bond 007, en miniature version Corgi.

pas d'accord pour offrir un vrai chien Rintintin ! Les pères optent pour les jouets qui les attirent le plus : de petites voitures Norev ou Dinky Toys, ou encore un train électrique qui, au fur et à mesure des anniversaires et des Noëls, verra son réseau ferroviaire s'agrandir. Quant aux fermes, elles peuvent avoir des dépendances, de belles écuries, un moulin, une mare avec ses canards. La mare deviendra lac pour les manœuvres militaires d'une armée de petits soldats Starlux ou pour les combats entre des Indiens et des cow-boys en plastique.

LES LOISIRS DES ADOS

Place aux jeunes

Avec l'essor des MJC, les jeunes disposent de plus en plus d'endroits accueillants pour se retrouver et faire de nouvelles expériences.

La famille, quelle guigne ! Lorsque les parents sont absents, on peut s'avachir devant la télévision en avalant des bonbons. Mais quand les adultes reviennent, les jeunes s'enferment dans leur chambre et mettent leur musique à fond pour couvrir tous les autres bruits de la maison. Ils errent en pull informe, les cheveux pas peignés et l'air lugubre. Mais dès qu'il est temps de rejoindre les copains, l'enthousiasme revient et les filles se maquillent et revêtent la dernière tenue à la mode. Dans le bar

Les MJC (Maisons des jeunes et de la culture) commencent à se développer dans toute la France. Elles proposent aux jeunes des activités intéressantes et détrônent les patronages catholiques. Ci-contre : exposition photo à la MJC d'Epinay en 1969.

où ils ont l'habitude de se retrouver, les discussions sont gaies et animées, le juke-box hurle les derniers tubes, des parties effrénées de baby-foot attirent de nombreux supporters. C'est toujours en bande que tous rejoignent la MJC, ils se précipitent vers le tableau d'affichage pour voir si un concert de Leo Ferré est annoncé. Souvent ils doivent se contenter d'un groupe de rock local ou d'un chanteur à thème à la fibre poétique puissante mais parfois ennuyeuse. Ils se rendent ensuite à leurs cours respectifs, danse pour les filles, guitare pour les garçons, photo et poterie pour tous. Mais ils apprécient surtout de se regrouper autour du bar sans alcool avec les animateurs pour passer des moments cools.

LA MODE DES ENFANTS

Le triomphe du prêt-à-porter

L'enrichissement des ménages bénéficie au secteur du prêt-à-porter et à l'essor de nouveaux matériaux comme le Nylon. Seuls les habits du dimanche restent un bastion du « fait maison ».

Au début des années 1960, le pouvoir d'achat des Français continue à augmenter et les mères n'hésitent plus à offrir à leurs enfants toute une gamme de vêtements. Le prêt-à-porter se développe de façon extraordinaire. Dans les magasins, on trouve des habits de bonne qualité et à la mode, mais ce phénomène entraîne également une uniformisation des tenues et ceci, quelle que soit la classe sociale. Les tabliers restent obligatoires à l'école, les cotonnades se voient peu à peu remplacées par le révolutionnaire Nylon. Pratique, il se lave et se sèche rapidement. Pour séduire les fillettes, les fabricants de tabliers produisent une variété très étendue de modèles. Ils n'hésitent pas à proposer des couleurs vives, des dentelles ou des applications. Au début de l'année scolaire, le choix de ce vêtement est un moment important dans la vie des élèves. Le dimanche, on continue à privilégier une tenue particulière, plus élégante et souvent à la limite du ridicule. Les garçons doivent toujours subir le port du costume, de la cravate et parfois du nœud papillon. Les fillettes revêtent souvent les dernières créations de leur mère, car si le prêt-à-porter connaît un véritable succès, il reste de bon ton de coudre de « petits modèles charmants ». Certaines femmes au foyer se réunissent en des ouvroirs pour travailler ensemble sur des ouvrages que leur proposent des magazines tels que *Modes et travaux*. Les plus jeunes ont également des patrons pour leurs poupées et s'initient ainsi à l'art de la couture.

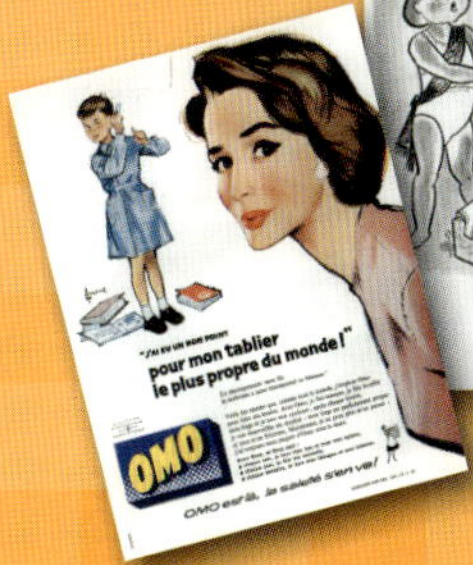

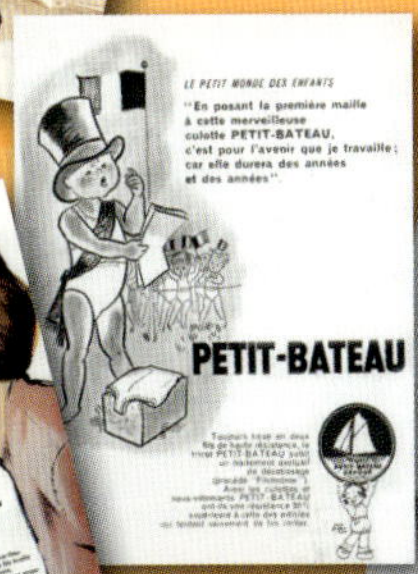

Grâce aux talents de maman et aux modèles trouvés dans L'Écho de la mode, les garçons auront bientôt des pull-overs tous neufs !

Un vent de liberté

Les ados ont de plus en plus le dernier mot sur les achats vestimentaires. Les filles adoptent massivement le pantalon. L'esprit hippie plane sur les garde-robes qu'il repeint de couleurs vives.

Les modes vestimentaires se succèdent à un rythme de plus en plus rapide. La société de consommation cible désormais les adolescents et les parents dépensent beaucoup d'argent pour satisfaire leurs besoins permanents. Les mères ont du mal à imposer leur point de vue. Elles finissent souvent par s'incliner et renouvellent les vêtements sans qu'ils soient usés. Les filles ont gagné une autre bataille : elles portent systématiquement des pantalons et après les événements de Mai 68, ceux-ci sont enfin auto-

Deux icônes féminines de leur époque : à droite, le mannequin britannique Twiggy en 1967. À gauche, l'actrice Jane Fonda en 1971, fer de lance d'une jeunesse engagée.

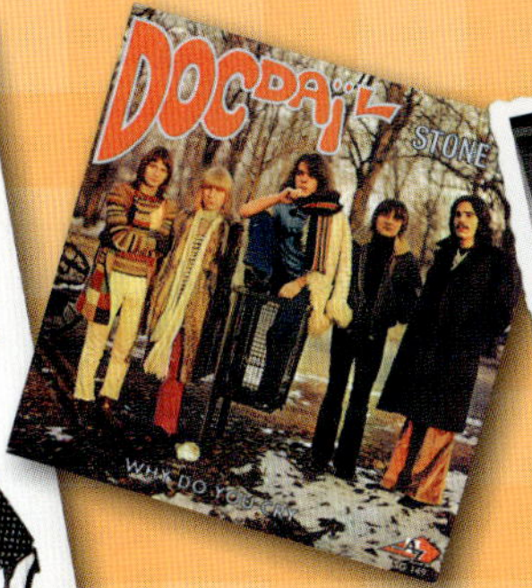

risés à l'école. Ils s'adaptent à toutes les situations de la vie moderne et agitée que mènent les jeunes : en scooter, en mobylette ou en vélo, il est à la fois pratique et élégant. Si un grand nombre de leurs aînés découvrent Katmandou et choisissent l'idéologie hippie au point d'en adopter les codes vestimentaires (jupons indiens colorés, pantalons à pattes d'éléphant, vestes afghanes), les adolescents ne peuvent, eux, s'habiller ainsi. Ils s'inspirent toutefois des teintes et des matières pour leurs propres tenues. Le rose indien, le mauve et le coton naturel connaissent un grand succès. Peu à peu, les couleurs vives illuminent les garde-robes, même le jaune et l'orange deviennent à la mode.

COMME LES IDOLES…

Adeptes de culture américaine, de Sylvie Vartan et de Claude François, certains adolescents s'habillent comme leurs idoles lorsqu'ils sortent. Dans la journée, ils prennent un soin particulier à ne pas paraître négligés. Les garçons privilégient les tee-shirts Fruit of the Loom et les filles, les jupes sages et les chemisiers classiques.

CONFISERIES ET BOISSONS

Le choix des enfants

De plus en plus, les enfants fixent le menu. Les bonbons conquièrent le goûter, les assiettes s'américanisent et la nourriture industrielle remplace peu à peu les produits locaux.

Les enfants obtiennent auprès de leur maman la permission d'aller acheter des bonbons à la sortie de l'école, quelques centimes suffisent. Ils se rendent en bande dans l'épicerie et achètent les friandises à l'unité après avoir réfléchi longuement. Les confiseries classiques, pastilles de menthe, à la violette ou au réglisse ne les attirent pas, mais les caramels, les carambars, les coco Boer ou les Malabars obtiennent un franc succès. Si les parents réprouvent les excès de sucre, ils ferment les yeux sur les quelques bonbons du goûter, mais interdisent les chewing-gums. Ils estiment qu'ils sont mauvais pour la santé, qu'ils coupent l'appétit et les transforment en « ruminant ». Les mères consultent désormais leurs enfants pour

Et pour votre petit-déjeuner : beurre ou ordinaire ? Chicorée Leroux ou Banania ?

préparer leurs repas. Elles acceptent de leur faire leurs plats préférés : des frites, des biftecks hachés, de la soupe au lait avec des pâtes « alphabet ». Elles leur achètent des fromages en pâte à tartiner, comme La Vache qui rit, le Six de Savoie ou le Samos. Les pères protestent, ils réprouvent ces produits sans goût qu'ils comparent aux savoureux fromages français. Ils désapprouvent également les menus à « l'américaine » ou à « l'anglaise ». Pour eux, il est inadmissible de manger des œufs au bacon ou des flocons d'avoine le matin. Mais leurs adolescents férus de culture anglo-saxonne boudent les tartines beurrées, les confitures « maison » et les bols de chicorée ou de café au lait.

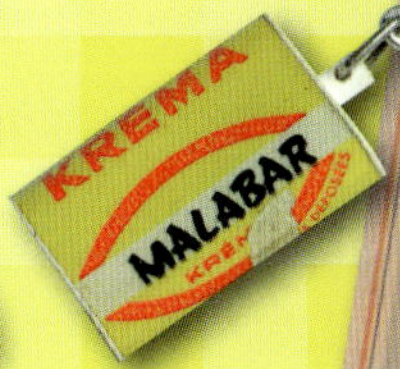

LES JEUX OLYMPIQUES

Les jeux d'hiver...

Innsbruck (1964), Grenoble (1968)

Un temps magnifique règne pendant les jeux Olympiques d'Innsbruck de 1964, et les organisateurs sont obligés d'amener de la neige par camions-bennes. Les sœurs Goitschel, Marielle et Christine, gagnent le slalom géant et le spécial. Les patineurs François Bonlieu et Alain Calmat décrochent successivement la médaille d'or et celle d'argent. La Soviétique Lydia Skoblikova arrive quatre fois en tête des épreuves de patinage de vitesse. Quatre ans plus tard, à Grenoble, le nom d'un skieur français est sur toutes les lèvres. Jean-Claude Killy remporte successivement les trois médailles de ski alpin tandis que son compatriote Guy Perillat monte lui aussi sur le podium. Marielle Goitschel remporte de l'or, mais la canadienne Nancy Greene s'impose comme sa principale concurrente.

De haut en bas : Christine et Marielle Goitschel félicitées par Toni Sailer (Innsbruck, 1964), Jean-Claude Killy, Nancy Greene, Alain Calmat, Guy Perillat.

Les jeux d'été...

Tokyo (1964), Mexico (1968)

Une unique médaille d'or pour la France à Tokyo en 1964, le cavalier Pierre Jonquères d'Oriola sauve l'honneur. L'Américain Bob Hayes surnommé Bullet Bob bat le record du monde du 100 m et au relais 4 fois 100 m. Son compatriote, le nageur Donald Schollander, repart lui avec trois médailles d'or. Les organisateurs des jeux de Mexico n'ont pas songé aux conséquences de l'altitude, les athlètes manquent d'oxygène. Pourtant l'Américain Bob Beamon accomplit une incroyable performance : il améliore le record du monde de saut en longueur de 55 cm ! Le contexte politique est tendu, les champions noirs américains Tommie Smith et John Carlos montent sur le podium tête baissée et poing levé pendant l'hymne américain, ils veulent dénoncer la condition des Noirs aux États-Unis.

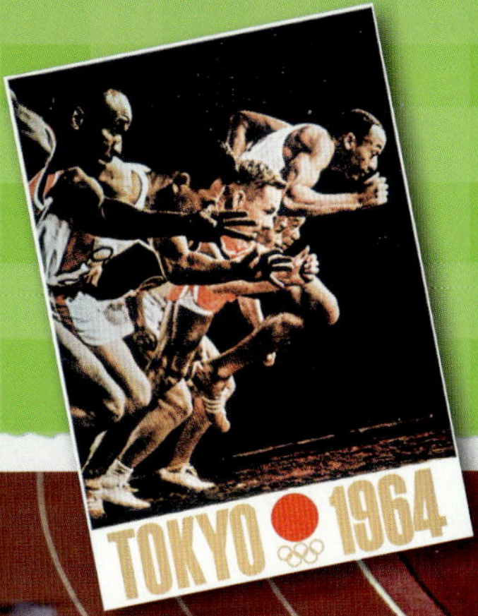

Ci-dessus, à droite : la petite Française Christine Caron , dite Kiki, devient la mascotte des jeux Olympiques de Tokyo.

Sur le podium du 200 mètres, Tommie Smith (médaille d'or) et John Carlos (bronze) lèvent le poing en signe de contestation contre les discriminations raciales.

Le 17 juin 1962, finale de la Coupe du monde : Zito marque d'une tête le deuxième but brésilien de la rencontre. Le Brésil bat la Tchécoslovaquie 3 buts contre 1.

Coupe du monde 1962

Chili

Le monde entier a le regard braqué sur Pelé lors de la Coupe du Monde de 1962. Mais pendant le match d'ouverture contre le Mexique, le footballeur est blessé et doit abandonner la compétition. Son équipe arrive quand même en finale après avoir éliminé les Chiliens, et remporte la victoire contre les Tchèques par 3 buts à 1.

Coupe du monde 1966

Angleterre

L'ambiance est tendue en 1966 car l'équipe d'Angleterre est soupçonnée d'être favorisée. Le match final en est la preuve flagrante et la victoire des Anglais contre l'Allemagne de l'Ouest reste une des plus controversées de l'histoire du foot. Mais les 400 millions de téléspectateurs qui suivent l'événement retiennent surtout l'extraordinaire match de quart de finale entre la Corée du Nord et le Portugal (5 à 3 pour le Portugal) et le fameux but de l'Allemand Franz Beckenbauer face au gardien soviétique Lev Yachine (2 à 1).

LE FOOTBALL

Ci-dessus et à droite : le roi Pelé après la victoire de son équipe lors de la finale de la Coupe du monde de 1970.

Ci-contre : l'anglais Martin Peters face au joueur Ouest-Allemand Weber lors de la Coupe du monde 1966. À gauche : la reine Élisabeth remet le trophée à Bobby Moore, capitaine de l'équipe anglaise. À droite : le gardien de but Lev Yachine.

Coupe du monde 1970

Mexique

En 1970, au Mexique, tous les matchs sont retransmis en direct à la télévision. Les téléspectateurs s'enthousiasment devant la finale, elle oppose le Brésil et l'Italie. Pelé prouve une fois de plus son talent et son équipe devient pour la troisième fois championne du monde en gagnant 4 à 1.

LE SPORT AUTO ET LE CYCLISME

Ci-dessus : le pilote de Formule 1 britannique Graham Hill (Nurburg, juillet 1972). À gauche : Jackie Stewart va prendre le volant de sa Rover BRM turbine (24 Heures du Mans, 1965).

Le sport automobile

Les courses d'endurance prennent une importance similaire à celle des courses de Formule 1.

Une des plus célèbres, les 24 Heures du Mans, réunit des pilotes d'exception tels Jean-Pierre Beltoise, Jackie Stewart, Jacky Ickx et Henri Pescarolo. Malgré une série de victoires en F3 et en F2, champions du monde en 1969, les responsables de l'écurie Matra veulent s'imposer sur les 24 Heures du Mans. Si cette même année, trois de leurs voitures franchissent la ligne d'arrivée, il leur faudra attendre 1972 pour remporter la victoire avec au volant Pescarolo et Graham Hill.

La voiture des pilotes Jean-Pierre Beltoise et Piers Courage au départ des 24 Heures du Mans en 1969.

Place aux sponsors

En 1964, une révolution se produit dans le milieu du cyclisme : les équipes nationales disparaissent, elles laissent place aux équipes sponsorisées, les grandes marques s'arrachent désormais les champions. Jacques Anquetil affronte Raymond Poulidor et la course se transforme en authentique duel dans la montée du Puy de Dôme. Le Grand Jacques remporte une fois de plus la victoire finale. L'année suivante, en l'absence d'Anquetil, Poulidor pense enfin triompher, mais Felice Gimondi le devance. En 1966, il doit s'incliner face à Lucien Aimar. Sa malchance le poursuit car il se blesse gravement en 1968. À peine remis, il se relance dans la compétition mais un nouveau champion, Eddy Merckx, surnommé « Le cannibale », se révèle imbattable.

Le cyclisme

Raymond Poulidor félicite Jacques Anquetil, vainqueur du Tour 1964. Raymond Poulidor peu après son arrivée au Parc des Princes (Tour 1964). Eddy Merckx, Jacques Anquetil et Raymond Poulidor (Tour 1967). Eddy Merckx, vainqueur du Tour 1969.

Louis de Funès et son fils Olivier sur le plateau du film L'homme-orchestre (1969) de Jean Girault.

Le judo

Le judo apparaît aux JO de Tokyo en 1964 comme sport de démonstration.

Les petits Français s'enthousiasment pour cette discipline qui devient très vite une de leurs activités préférées du jeudi après-midi. En 1968, Courtine et Pariset deviennent les premiers Français à obtenir une ceinture noire 6e dan. Quatre ans plus tard, leurs compatriotes Mounier, Coche et Brondani remportent leurs premières médailles à Munich où le judo est reconnu discipline olympique.

Le catch

Les téléspectateurs attendent avec impatience les retransmissions des matchs de catch commentés par le truculent Roger Couderc.

Les frères Delaporte, Ben Chemoul, l'Ange blanc, le Bourreau de Béthune, Chéri Bibi, Jacky Richard, Jessy Texas ou Strangler Jew remplissent les salles et obtiennent un véritable statut d'idole.

Roger Couderc le 23 février 1967. Ci-dessous : au Vel d'Hiv' le 5 mai 1959, l'Ange blanc se fait assommer en 6 minutes par un monstre masqué de noir.

LES SPORTS DE COMBAT

Cassius Clay devenu Mohamed Ali pendant sa conférence de presse à Orly avant son combat avec George Foreman le 10 septembre 1974.

Le boxeur Jerry Quarry lors d'un entraînement à Londres le 15 novembre 1971.

La boxe

Le retour de Cassius Clay

Le triple champion du monde poids lourds, Cassius Clay devenu Mohamed Ali, crée la stupeur en refusant sa conscription au Vietnam en 1967. Le gouvernement américain le déchoit de son titre et le poursuit juridiquement. Il devra attendre trois ans pour remonter sur le ring où il défait en trois rounds Jerry Quarry.

À la fin des années 1960, avec le mouvement hippie, les festivals pop prennent une ampleur jamais vue. De gauche à droite : affiche du festival de Woodstock (1969), festival de l'île de Wight (1970), documentaire de D.A. Pennbaker sur le festival de Monterey (1967).

MILITANTISME ET RÉVOLUTION SEXUELLE

Mai 68 : le malaise de la jeunesse se transforme en révolte et donne lieu à une explosion qui va ébranler la société française tout entière.

« La télévision, c'était l'État dans la salle à manger » écrira lui-même, en 1976, l'ancien ministre de l'Information du général de Gaulle, Alain Peyrefitte.

Le printemps 1968 voit également une explosion de la presse contestataire : Action, Les Cahiers de mai, Le Pavé, L'Enragé...

Barbarella, l'héroïne de science-fiction sosie de Brigitte Bardot, a été créée en 1962 par Jean-Claude Forest pour incarner la femme née de la libération sexuelle.

Les hippies sortent le naturisme du ghetto. Acte d'insoumission au pouvoir, de refus de la société de consommation et de militantisme écologique, le nu est cool. De haut en bas : répétitions de la comédie musicale Hair (avril 1969), hippies à Saint-Tropez en 1967.

I hope I die before I get old
(Talkin' 'bout my generation)

En 1965, avec My Generation, le groupe britannique The Who offre son hymne à une génération en révolte.

En 1964, l'Anglaise Mary Quant (ici lors de la présentation de sa ligne Viva Viva en février 1967) invente la minijupe, une minuscule banderole pour la conquête d'une immense liberté.

Le Mouvement français pour le planning familial revendique pour chaque femme le droit de pouvoir choisir. En décembre 1967, l'Assemblée nationale vote la loi Neuwirth qui autorise la contraception.

5 avril 1971 : Le Nouvel Observateur publie une pétition signée par 343 femmes qui se déclarent favorables à l'avortement et affirment avoir elles-mêmes avorté. Charlie Hebdo leur offre la postérité en évoquant à sa une le « manifeste des 343 salopes ».

LA MUSIQUE DES ENFANTS

Salvador et Perret

Avec leur bonne humeur, Henri Salvador et Pierre Perret séduisent le jeune public.

Les tourne-disques trônent dans le salon familial et les enfants possèdent maintenant leurs propres disques. Les enregistrements des comptines font toujours recette, mais ce répertoire semble un peu répétitif. Un chanteur va bouleverser les règles de la chanson enfantine, il se nomme Henri Salvador. L'artiste n'est pas un inconnu, il a commencé sa carrière comme chanteur de jazz. Il surprend tout le monde en 1963 lors du réveillon de la Saint Sylvestre avec sa *Minnie petite souris* qui émerveille le jeune public. Il s'impose très vite comme le maître absolu de la chanson enfantine car il propose des textes modernes, adaptés à l'âge de ses fans, et sa personnalité détonante, mélange de bonne humeur, d'humour et de fantaisie, séduit petits et grands. Il assied son succès avec une adaptation de la chanson *Along Comes John* qu'il transforme en *Zorro est arrivé,* au moment même où la série télévisée fait son apparition sur la première chaîne ! Pierre Perret lui dispute souvent la vedette, il ose des textes plus crus, à la limite du grivois, mais sa malice insolente amuse aussi les parents. Dans un répertoire fort différent, les livres-disques du *Petit Ménestrel* deviennent des cadeaux incontournables et passionnent les enfants.

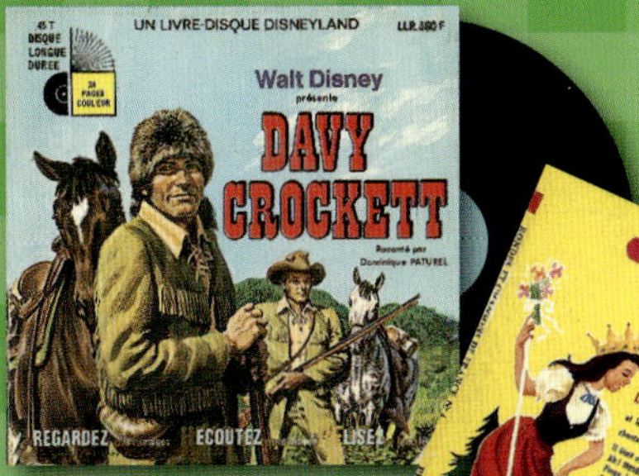

Les génériques des séries télé sont repris dans toutes les cours de récréation et figurent parmi les chansons préférées des plus jeunes.

Chacun son son !

Du hard rock aux chansons pour midinettes, des Beatles à Ziggy Stardust, de Johnny à Polnareff, l'époque est éclectique, foisonnante et follement créative.

Les goûts musicaux des adolescents diffèrent de ceux de leurs parents, au point de provoquer une rupture entre les deux générations. Les adultes réprouvent tout autant le son violent du hard rock du groupe Led Zeppelin que les musiques planantes des Pink Floyd, de Genesis ou de Yes. La fin tragique de plusieurs artistes conforte leur opinion négative. En trois ans disparaissent Brian Jones, Jimi Hendrix, Janis Joplin et Jim Morrison. Quant aux Beatles, ils décident de se séparer, brisant le cœur de millions de fans. Le rock se cherche : David Bowie, Roxy Music et T-Rex tentent de revenir aux

Scandale ! En 1972, Michel Polnareff se travestit et montre ses fesses pour promouvoir son concert Polnarévolution à l'Olympia.

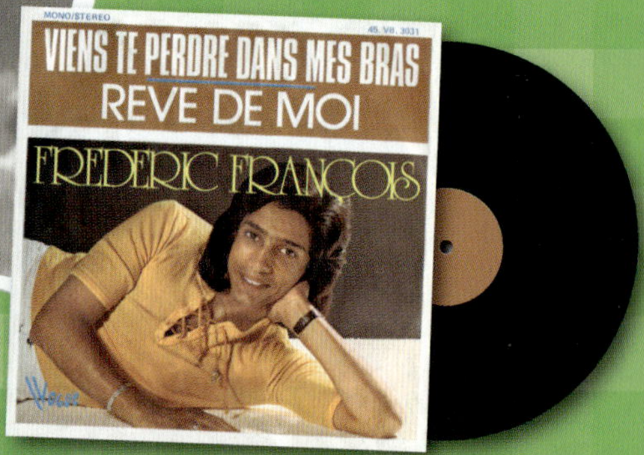

Les « chanteurs minets » tels Frédéric François, Patrick Juvet ou C. Jérôme font chavirer le cœur des filles.

LA MUSIQUE DES ADOS

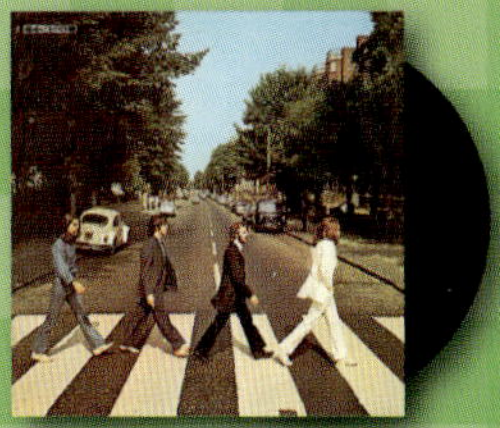

origines en créant le glam rock. En France, les mères poussent leurs filles à écouter les chanteurs sentimentaux. Les cœurs battent pour un jeune chanteur israélien, à la beauté éclatante et à la voix exceptionnelle, Mike Brant. Mais les minettes ont le choix : l'hyperactif Claude François déchaîne l'hystérie de ses fans, Johnny Halliday emporte l'adhésion des filles et des garçons, mais séduit surtout la gent féminine en chantant avec sa femme Sylvie Vartan « J'ai un problème ». Michel Berger s'impose comme parolier de Véronique Sanson, et Étienne Roda-Gil comme celui du beau Julien Clerc. D'autres artistes choisissent la provocation, Michel Polnareff n'hésite pas à afficher ses fesses et Serge Gainsbourg signe *l'Histoire de Melody Nelson,* l'un de ses chefs-d'œuvres.

LA PRESSE POUR ENFANTS

La fin des lectures imposées

Apparu en 1921, suspendu entre 1942 et 1946, le journal** Lisette **paraîtra jusqu'en 1973. Un modèle de longévité !

Face à des lecteurs de plus en plus exigeants, les magazines ouvrent leurs colonnes à des héros qui sauront les tenir en haleine… dans l'attente du prochain numéro.

Les parents systématisent l'argent de poche hebdomadaire et les enfants choisissent seuls leurs publications dans les kiosques à journaux. Désormais, les orientations religieuses et politiques n'influencent plus les jeunes lecteurs. Les rédacteurs en chef doivent les fidéliser grâce à des bandes dessinées attractives. Seuls les abonnements, cadeaux récurrents des grands-parents, gardent une connotation idéologique. La presse catholique souffre particulièrement de ces changements : *La Semaine de Suzette* disparaît en 1960, *Fillette* devient *Quinze Ans,* un magazine pour adolescentes, *Cœurs vaillants* et *Âmes vaillantes* fusionnent et deviennent *J2 Magazine,* un titre éphémère. Marijac renonce à *Mireille*. Seule *Lisette* continue à ravir les jeunes lectrices, elles retrouvent leurs bandes dessinées favorites, des bricolages, des conseils de modes… Mais un seul titre, c'est bien peu ! Heureusement, les fillettes peuvent emprunter à leurs frères et cousins leurs lectures. Les héros du *Journal de Mickey* amusent tout le monde, mais *Le Journal de Tintin* et *Spirou* s'adressent surtout aux garçons en multipliant les héros virils. À côté de *Tintin, Ric Hochet, Michel Vaillant, Zig et Puce* et *Luc Orient* enchaînent les aventures tandis que *Spirou* rassemble *Lucky Luke, Tif et Tondu, Johan et Pirlouit* et leurs amis *Les Schtroumfs*. Quant à *Vaillant*, le magazine proche du Parti communiste, il arrive difficilement à maintenir ses ventes.

Un plaisir encore rare

Les albums de bandes dessinées se multiplient dans les rayons des librairies. Le choix est difficile, il s'agit de ne pas se tromper car leurs prix sont élevés.

Face à l'engouement des lecteurs pour les héros des magazines, les aventures de la plupart d'entre eux paraissent en albums de bandes dessinées. Désormais, les jeunes rêvent des dernières péripéties de *Tintin* et de Milou, du Capitaine Haddock, des Dupont et de l'inénarrable Castafiore d'Hergé. Albert Underzo et René Goscinny contre-attaquent en lançant *Astérix* et sa bande de joyeux compères gaulois. Leurs albums paraissent au rythme d'un par an puis à partir de 1965 de deux chaque année. C'est également dans un contexte historique, cette fois-ci celui de l'Ouest américain, que Goscinny s'associe à Morris pour donner vie à *Lucky Luke*. Quant à *Gaston Lagaffe*, il ne se contente plus du rôle de faire-valoir au côté de *Spirou et Fantasio* : Franquin lui offre son propre espace.

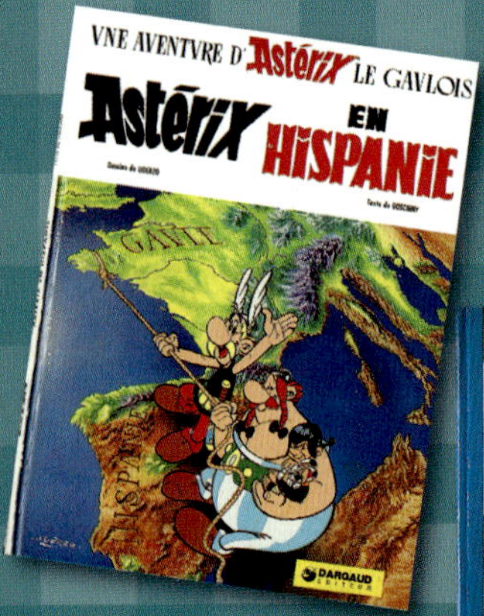

Les plus jeunes se régalent avec Boule et Bill, Benoît Brisefer et les Schtroumpfs.

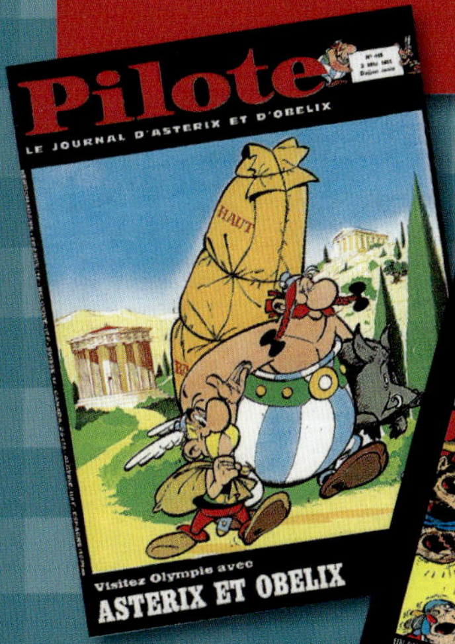

LES BD « POUR ADULTES »

Les magazines *Pilote* et *Hara-Kiri* asseyent leur notoriété. Les adolescents se les échangent dans la cour du lycée et les cachent sous leur matelas ou au fond de leur tiroir. Les parents réprouvent cette presse estampillée « pour adultes », et s'ils condamnent les allusions sexuelles et le cynisme de certains articles, ils reprochent surtout aux magazines leur « mauvais esprit ». Pourtant, c'est en ces pages que les jeunes découvrent une autre façon de penser, ainsi que la poésie du non-sens de Gotlib ou celle « surréalisante » de Fred. Ils s'initient à la science-fiction grâce à Mézière et Christin, et à Druiller, tout en découvrant l'humour détonnant de Mandryka et Bretécher.

LES LIVRES POUR ENFANTS

Fantômette contre les Anglais

Enid Blyton règne sur la littérature jeunesse, mais Georges Chaulet, l'auteur de Fantômette, n'a pas encore dit son dernier mot.

La Bibliothèque rose de chez Hachette s'impose au fil des années 1960 comme une collection incontournable. Les enfants de toutes les classes sociales ont désormais accès à la lecture et une grande partie d'entre eux collectionnent les petits livres roses. Grande prêtresse de la littérature jeunesse, la Britannique Enid Blyton devient incontournable en France, et Hachette traduit une partie de ses 700 ouvrages ! Jusqu'en 1967 paraissent 21 *Club des Cinq*, la totalité des *Clan des Sept* d'origine, et une grande partie des *Mystères* (en réalité un ensemble de mini-séries regroupées en France sous ce titre). Georges Chaulet, refusé plusieurs années auparavant par Hachette qui venait de signer avec Enid Blyton, prend sa revanche : sa *Fantômette* intègre la Bibliothèque rose en 1961. La justicière lutte avec humour contre les bandits, mais aussi contre le sexisme ambiant. Le succès est tel que les aventures s'enchaînent et cinquante ans plus tard… *Fantômette* est toujours là ! Les éditions GP, principales concurrentes d'Hachette, se tournent vers la littérature des pays nordiques et s'adressent aux tous jeunes lecteurs avec les poétiques aventures de *Petitou* de Dick Laan et des récits faisant découvrir d'autres civilisations (*Nanouk chasseur des neiges*, *Selim le petit marchand de bonheur*…). Quant à *Caroline*, de Pierre Probst, elle se décline en Bibliothèque rose sous la signature de Lelio tout en continuant à enchanter les plus jeunes grâce aux beaux albums cartonnés.

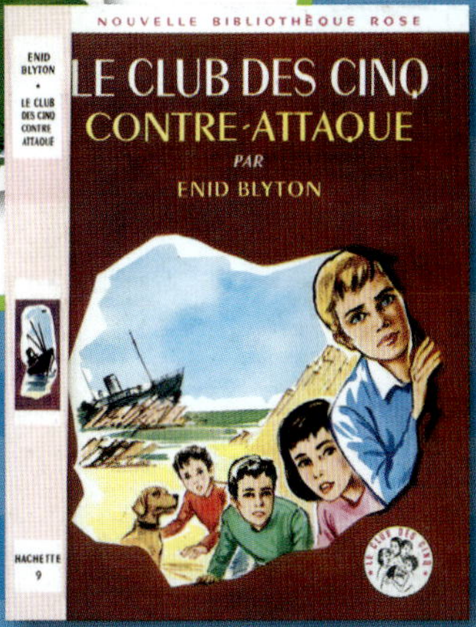

Les livres reprenant les histoires des longs-métrages de Walt Disney connaissent un grand succès.

Caroline et Martine se partagent le cœur des fillettes.

À chaque ado son héros !

Des classiques, des romans modernes, des récits d'aventure et des enquêtes policières : les jeunes ont un large choix de livres.

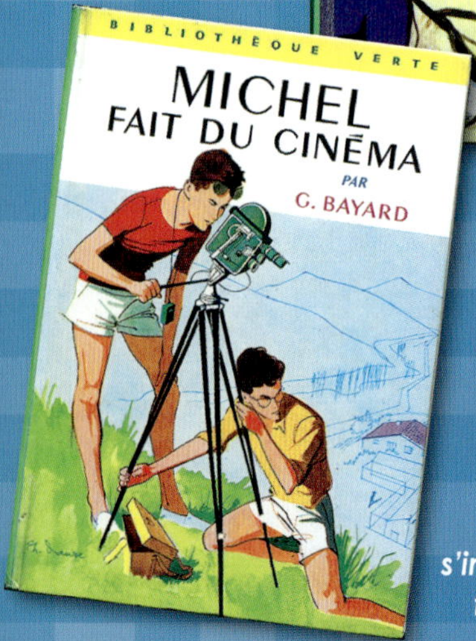

La Bibliothèque souveraine de chez GP et L'Idéale Bibliothèque d'Hachette se ressemblent comme deux jumelles : mêmes couvertures beiges striées de traits, mêmes jaquettes joliment illustrées. Les sœurs ennemies se partagent les titres préférés des adolescents. La Souveraine accueille les aventures de la jeune danoise *Puck* de Carlo Andersen et Knud Meister, sous le pseudonyme de Lisbeth Werner, ainsi que les beaux romans de Claude Campagne et de Saint-Marcoux. *L'*Idéale Bibliothèque réjouit les plus espiègles avec les facéties de *Bennett et Mortimer* d'Anthony Buckeridge et offre aux héros de la Bibliothèque verte un cadre plus prestigieux. Ces livres plus onéreux

Jean Bruce, Paul Kenny, San-Antonio s'imposent comme les favoris des garçons.

LES LIVRES POUR ADOS

Certains livres deviennent des best-sellers comme **Sylvia et Bonnie au pays des loups** *de Joan Aiken ou les* **Sissi** *d'Odette Ferry.*

s'offrent à Noël ou aux anniversaires. Ainsi, l'une des héroïnes préférées des adolescentes, Alice de Caroline Quine, ou encore Michel de Georges Bayard sont publiés épisodiquement en Idéale Bibliothèque. *Les Six compagnons* de Paul-Jacques Bonzon et *Les Sœurs Parker* de Caroline Quine restent sagement dans « la Verte ». Contrairement aux autres auteurs, Pierre Lamblin propose un héros adulte, le journaliste Jacques Rogy, qui enquête dans la collection « Spirale » de GP, tandis que chez Signe de Piste et Pocket Marabout, la littérature d'aventure continue à faire recette. Mais le préféré des ados reste *Bob Morane* d'Henri Vernes, qui écrit en 1970 son 100e roman !

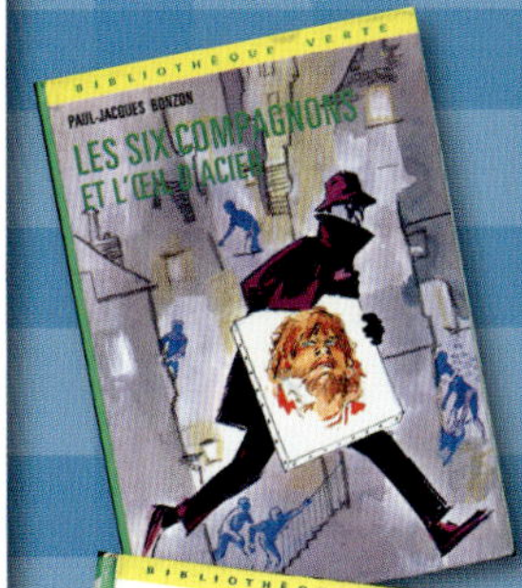

LE CINÉMA ET LES ENFANTS

Allons enfants !

Les enfants partent à l'assaut du 7e art : de plus en plus de films leur sont destinés, dans lesquels ils occupent souvent les premiers rôles.

C'est toujours avec des étoiles plein les yeux que nous découvrons chaque nouvelle production des Studios Disney. Et en ce début d'années 1960, nous sommes particulièrement gâtés ! *La Belle au bois dormant* sort de son sommeil en 1959, la terrifiante Cruella d'Enfer veut la peau des *101 Dalmatiens* en 1961 et *Merlin l'enchanteur* prend en charge l'éducation du jeune Moustique en 1964. Les studios du père Walt alternent nouveautés et reprises de grands classiques, sans se limiter aux seuls dessins animés : en 1963, ils adaptent avec des acteurs en chair et en os *Les enfants du capitaine Grant,* le célèbre roman d'aventures de Jules Vernes. C'est même notre Maurice Chevalier national qui interprète le professeur de français Jacques Paganel ! Deux ans plus tard, c'est à un véritable feu d'artifice que nous convie *Mary Poppins,* dans un long-métrage qui conjugue dessins animés et prises de vue réelles, et dans lequel la belle Julie Andrews incarne la nounou des enfants de la famille Banks.

Les enfants justement ne sont plus cantonnés aux seconds rôles : avec *Les Quatre Cents Coups* (1959), son premier film, François Truffaut nous entraîne à la suite d'Antoine Doinel, un garçon de notre âge que nous croiserons encore à plusieurs reprises, toujours incarné par Jean-Pierre Léaud. L'année suivante, Albert Lamorisse nous fait traverser la France en montgolfière avec le jeune Pascal dans *Le Voyage en ballon.* Et deux ans plus tard, Yves Robert nous enrôle dans *La Guerre des boutons,* aux côtés des enfants de Longeverne. Si j'aurais su, j'aurais pas v'nu !

Au début des années 1960, Jean Marais incarne à lui seul le film de cape et d'épée : Le Bossu *(1960),* Le Capitan *(1960),* Le Capitaine Fracasse *(1961),* Le Masque de fer *(1962).*

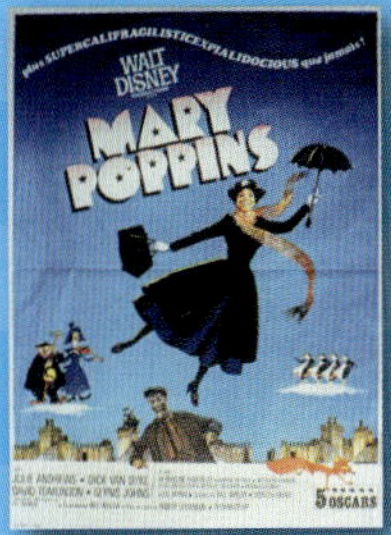

Les péplums et films bibliques hollywoodiens à gros budgets remplissent les salles : Les Dix Commandements *(1958),* Salomon et la Reine de Saba *(1959),* Ben Hur *(1960),* Spartacus *(1961).*

Rire & Love

Les ados ricanent devant les aventures des Charlots, qui vilipendent gentiment la société des adultes, et se passionnent pour les films issus de la contre-culture.

Au tournant des années 1970, la fréquentation des salles obscures commence à se réduire. Conséquence directe, beaucoup de salles de quartier ferment leurs portes et sont remplacées, comme le chantera bientôt Eddy Mitchell, par « des garages et des supermarchés ». Dans ce contexte morose, un acteur français continue à bouger les foules : Louis de Funès. Derrière la caméra de Gérard Oury, il offre au public français quelques-uns de ses plus mémorables fous rires : *La Grande Vadrouille* (1966) aux côtés de Bourvil, *La Folie des grandeurs* (1971) avec Yves Montant et Alice Sapritch ou encore *Les Aventures de Rabbi Jacob* (1973).

***Amour toujours.** Love Story, le film aux six Oscars d'Arthur Hiller, est l'histoire de l'amour « plus fort que tout » qui unit un riche étudiant de Harvard à une jeune fille sans le sou.*

LE CINÉMA ET LES ADOS

Si le roi de Funès semble indétrônable, les ados apprécient aussi les facéties des Charlots, auxquels ils peuvent plus facilement s'identifier. Comme eux, les quatre comiques se heurtent aux institutions d'une société peu compatible avec leur esprit cool et hédoniste, qu'il s'agisse de l'armée (*Les Bidasses en folie*, 1971), du milieu sportif (*Les Fous du stade*, 1972) ou du monde du travail (*Le Grand Bazar*, 1973). L'époque est en effet à la culture hippie, et les quelques films qui en rendent compte trouvent un écho immédiat auprès de cette jeunesse séduite par les modes de vie alternatifs et les expériences psychédéliques : *Easy Rider* (1969), de Dennis Hopper, *More* de Barbet Schroeder (1969), ou encore *Yellow Submarine* (1969) de George Dunning, sur la musique des Beatles.

En l'espace de seulement quelques films (*Big Boss, La Fureur de vaincre, La Fureur du dragon, Opération dragon*), Bruce Lee oriente toute une génération d'ados vers les cours de karaté ou de kung-fu du mercredi après-midi.

LA TÉLÉ ET LES ENFANTS

Un premier âge d'or

***Bonne nuit les petits, Le Manège enchanté, Belle et Sébastien* : le début des années 1960 voit la naissance de programmes qui vont très vite devenir cultes.**

Bien avant *Maya l'abeille,* les jeunes téléspectateurs peuvent pénétrer dans une ruche à la suite de Joe, un petit garçon adopté par une colonie d'abeilles après qu'il est venu à leur secours. *Joe chez les abeilles,* diffusé à partir de décembre 1960, est le premier dessin animé français, créé et réalisé par Jean Image, le père du cinéma d'animation en France. La première moitié des années 1960 est également marquée par l'arrivée sur les petits écrans de deux séries de marionnettes animées. *Bonne nuit les petits* (1962), réalisé par Claude Laydu, met en scène Petit Louis, Mirabelle et Gros Ours… rebaptisés Nicolas, Pimprenelle et Nounours à partir d'octobre 1963. Les enfants adoptent immédiatement l'ours joueur et complice, qui sait aussi consoler des gros chagrins. L'année suivante, ils s'envolent pour *Le Manège enchanté*, de Serge Danot, où ils se font de nouveaux amis : la petite Margotte, l'adorable chien Pollux et l'étrange Zébulon avec son célèbre « Tournicoti, Tournicoton ».

C'est aussi l'époque des premiers feuilletons français mettant en scène des enfants. On se souvient du jeune Mehdi El Glaoui, 4 ans, dans *Poly et le mystère du château* (1961), un feuilleton réalisé par sa mère Cécile Aubry, avec un poney Shetland dans le rôle-titre. Les huit autres feuilletons de la série seront tournés avec d'autres enfants, mais on retrouve le petit Mehdi en 1965 dans une autre production de sa maman : le poignant *Belle et Sébastien,* qui suscite un énorme engouement… à la fois pour la série et pour les chiens de la race de Belle, les bergers des Pyrénées !

Margotte, meilleure amie du chien Pollux et adepte du Manège enchanté de Bois Joli.

Nounours, Nicolas, Oscar et Pimprenelle : les quatre marionnettes de l'émission Bonne nuit les petits.

Ci-dessus : Mehdi El Glaoui et le chien Flanker dans le feuilleton télé Belle et Sébastien. Ci-contre : le jeune comédien avec sa mère Cécile Aubry en octobre 1964.

Nids d'espions

La deuxième moitié des années 1960 est une période faste pour la production française, qui doit toutefois faire face à la concurrence des séries d'espionnage américaines et britanniques.

Les plus jeunes adolescents continuent de se passionner pour *Thierry la Fronde*, diffusé depuis 1963, mais une avalanche de nouvelles séries françaises se disputent leur attention. Deux d'entre elles, adaptées de romans policiers du début du siècle, vont particulièrement stimuler leur imagination : *Belphégor ou le fantôme du Louvre* (1965), avec Juliette Gréco dans le rôle-titre, et *Le Mystère de la chambre jaune* (1965), où le jeune Claude Brasseur interprète le talentueux Rouletabille. Pour le plus grand bon-

De gauche à droite : **Chapeau melon et bottes de cuir, Les Mystères de l'Ouest** *et* **Belphégor.**

heur des jeunes téléspectateurs, les scénaristes vont également s'inspirer des héros de leurs bandes dessinées favorites : *Bob Morane* (1965), *Les Aventures de Michel Vaillant* (1967) ou encore *Les Chevaliers du ciel* (1967), d'après *Les Aventures de Tanguy et Laverdure* de Jean-Michel Charlier et Albert Uderzo.

Du côté des séries américaines, le western cède la place aux histoires d'espionnage : *Des agents très spéciaux* (1967), *Mission : impossible* (1967)... Signe des temps, la série *Les Mystères de l'Ouest* (1967), dont le cadre est pourtant l'Ouest américain, se présente comme un « James Bond à cheval » ! Les Britanniques ne sont pas en reste, ils vont même réussir à imposer deux séries hautement originales qui vont marquer les esprits de toute une génération : *Chapeau melon et bottes de cuir* (1967), avec le flegmatique John Steed et la séduisante Emma Peel, et *Le Prisonnier* (1968), mettant en scène un agent secret retenu prisonnier dans une station balnéaire à l'atmosphère surréaliste. Aussi angoissant que fascinant.

***De haut en bas* : Les Chevaliers du ciel, Mission : Impossible *et* Des agents très spéciaux.**

LA RADIO

Contre-culture et pop music

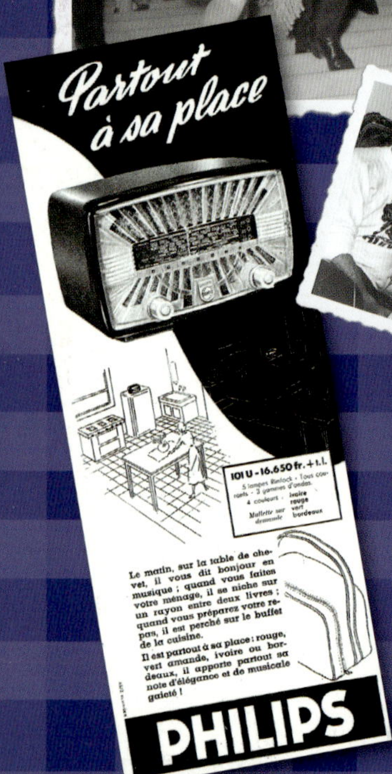

De haut en bas : Michael Pasternak en 1967 au bras d'Anny Duperey et de Line Renaud. Gérard Klein, Valérie Lagrange et Salvador Dali en avril 1967.

L'esprit de Mai 68 s'invite sur les ondes : la plupart des radios prennent l'ampleur de ce public adolescent et intègrent ses centres d'intérêt à leur offre de programme.

Face à l'essor de la télévision, la radio survit en se miniaturisant et en devenant ce média qui nous suit partout, de la salle de bains à la plage ! Europe n°1 est la première radio à saisir l'importance du public adolescent et à lui proposer des programmes adaptés : « Salut les Copains » dès 1959, puis « Dans le vent » de Michel Cogoni en 1964 et enfin « Campus » en avril 1968. Cette dernière diffère radicalement des précédentes : aux émissions 100 % musicales, les jeunes préfèrent désormais celles qui mêlent actualités, débats, interviews et bien sûr musique pop... dans un esprit très Mai 68. Au micro, François Jouffa (écarté après seulement un mois) puis Michel Lancelot feront de « Campus » l'écho de l'anticonformisme et de la contre-culture de son époque.

Au milieu des années 1960, Radio Luxembourg (rebaptisée RTL) se décide à rajeunir son auditoire. Elle se tourne pour cela vers Michael Pasternak, alias « The Emperor Rosko », l'un des animateurs de la radio pirate britannique Radio Caroline. Au micro de RTL, Pasternak anime « Minimax », une émission dont le programme est résumé par son slogan : un « MINImum de bla-bla et un MAXimum de musique ». À la même époque, France Inter se met au diapason de ce tsunami adolescent en ouvrant son antenne à trois nouvelles émissions : « Les 400 Coups » de Claude Chebel, « 17-19 sur 1829 » de Gérard Klein et le fameux « Pop Club » de José Artur. Pierre Lattès y présente chaque soir en direct sa « séquence rock and folk » et sa « séquence jazz », qui ouvrent aux jeunes les portes d'un univers musical et culturel aussi fascinant qu'inexploré...

De gauche à droite : Philippe Koechlin et José Artur, Pierre Lattès et Charles Delaunay au Pop Club de José Artur sur France Inter en février 1967.

Le film de Richard Curtis Good Morning England (2009), l'histoire d'une radio pirate qui diffuse ses programmes depuis un bateau naviguant dans les eaux internationales de la mer du Nord, est directement inspiré de celle de Radio Caroline.

LES SOURCES

Toutes les photographies et illustrations non créditées et non mentionnées ci-dessous proviennent de la collection privée de La Bande du Drugstore.

Sources des illustrations :

P.13 : Photo de Racroul *in* Laurence Buffet-Challié, *Chambre d'enfants et de jeunes*, Massin, 1962 / Publicité Bonux *in Tintin*, n°682, novembre 1961 / P.15 : Françoise Hardy, *Tous les garçons et les filles*, Vogue / P.17 : *Histoire de France et d'Algérie*, Hachette, 1953 / Collection Jacques Gimard / Collection Jacques Gimard / Collection Jacques Gimard / P.18 : Publicité Waterman *in Tintin*, n°598, 7 avril 1960 / P.19 : Collection Jacques Gimard / Publicité Assimil *Tintin*, n°683, novembre 1961 / Publicité Bic Junior *in Mlle Age Tendre*, n°19 mai 1966 / P.22 : Photo *in Tintin*, n°479, 26 décembre 1957 / P.23 : Publicité Meccano *in Tintin*, n°686, 6 décembre 1961 / P.27 : Publicité vêtements Tintin *in Tintin*, n°612, 14 juillet 1960 / Publicité vêtements Tintin *in Tintin*, n°612, 14 juillet 1960 / Publicité La Belle Jardinière *in Tintin*, n°702, 5 avril 1962 / Vêtements Babar *in Elle*, n°217, 23 janvier 1950 / Collection Jacques Gimard / P.29 : Publicité Sym in *Mlle Age Tendre*, op. cit / Publicité pour vêtements Sheila Vernon *in Salut les copains*, n°57, op. cit. / Publicité Big Chief *in Tintin*, n°699, 15 mars 1962 / P.38 Alexandre Gérard, *Lili à Saint-Germain-des-Prés*, Jeunesse joyeuse, 1961 / P.40 : Noir et Blanc / P.41 : Guy Pellaert et Pascal Thomas, *Pravda la surviveuse*, Losfeld, 1968 / *Charlie hebdo*, n°21, 12 avril 1971 / P.43 : Walt Disney, Davy Crockett, Le Petit Ménestre / *Rondes et chansons de France*, Philips / P.43 : *Sébastien parmi les hommes*, Philips, 1968 / *Bonne nuit les petits*, Philips, s.d. / Henri Salvador, *Zorro est arrivé*, *Rigolo*, 1965 / P.44 : Janis Joplin, *Pearl*, CBS / Johnny Hallyday, *Les Mauvais Garçons*, Philips / P.45 : Sheila, *L'école est finie*, Philips / P.46 : *Lisette*, n°4, 23 janvier 1955 / P.46 : *Le Journal de Mickey*, n°469 et n°721 / P.47 : *Tintin*, n°213, 20 novembre / Spirou / Tintin, n°841, 3 décembre 1964 / *Vaillant*, n°928, 24 février 1963 / *Lisette télé-jeune*, n°4, 28 janvier 1973 / P.48 : *Tintin et les oranges bleues*, Casterman, 1965 / Uderzo et Goscinny, *Astérix en Hispanie*, Dargaud, 1969 / Dessin de Roba *in Papa, maman, Boule...*, Dupuis, 1973 / Peyo et Delporte, *Le Schtroumpfissime*, Dupuis, 1965 / Morris et Goscinny, *Ma Dalton*, Dargaud, 1971 / P.82 : *Hara-kiri*, n°42, août 1964 / *L'Écho des savanes*, n°6, 1er trimestre 1974 / Dessin de Claire Bretécher *in Aventures adventices de Doudou-Daffodil reine des Croque-monsieur*, L'Écho des savanes spéciales USA, n°1, 3e trimestre 1976 / *Pilote*, n°445, 2 mai 1968 / *Pilote*, n°639,1972 / *Ah ! Nana*, n°2, janvier 1977 / P.50 : Illustration de Josette Stéphanie *in* Georges Chaulet, *Fantômette et le dragon d'or*, Hachette, 1980 / P.51 : Walt Disney, *Blanche Neige*, Deux coqs d'or, 1965 / Dessin de Jeanne Hives *in* Enid Blyton, *Oui-Oui à la plage*, Hachette, 1964 / Enid Blyton, *Le Clan des Sept et l'homme de paille*, Hachette, 1965 / Enid Blyton, *Le Club des Cinq contre-attaque*, Hachette, 1965 / Dick Lan, *Les Aventures de Petitou*, G.P., 1961 / Théophile Gautier, *Le Capitaine Fracasse*, Deux coqs d'or, 1967 / Georges Chaulet, *Fantômette et la télévision*, Hachette, 1969 / Dessin de Gilbert Delahaye *in* Gibert Delahaye et Marcel Marlier, *in* Casterman, 1959 / Lélio, *Caroline chez Monsieur Belazur*, Hachette, 1963 / P.52 : Georges Bayard, *Michel fait du cinéma*, Hachette, 1973 / Lieutenant X, *Langelot contre Monsieur T*, Hachette, 1971 / Anthony Buckeridge, *Bennett et Mortimer*, Hachette, 1970 / Jean Bruce, *OSS 117 au Liban*, Presses de la cité, 1962 / Paul Kenny, *L'Étrange aventure de Coplan*, Fleuve noir, 1972 / *San Antonio chez les macs*, Fleuve noir, 1969 / P.53 : Joan Aiken, *Sylvia et Bonnie au pays des loups*, G.P., 1960 / Pierre Lamblin, *Jacques Rogy chasse le fantôme*, G.P., 1972 / Dessin de Vanni Téaldi *in* Lamblin, *op. cit* / Paul-Jacques Bonzon, *Les Six Compagnons et l'œil d'acier*, Hachette, 1975 / Caroline Quine, *Alice et le médaillon d'or*, Hachette, 1969 / Henri Vernes, *Un Parfum d'Ylang-Ylang*, Marabout, 1967 / P.59 : *Poly*, Philips, 1962 / P.61 : Michel Avallone, *L'Affaire des mille cercueils*, Presse de la cité, 1967 / P.62 : Publicité Philips *in Elle*, n°326, 25 février 1952.

Crédits :

P.6 : Le salaire de la peur © Rue des Archives/RDA / Charlie Chaplin © Rue des Archives/AGIP / Cadavre Staline © Suddeutsche Zeitung/Rue des Archives / P.7 : Edmund Hillary et Tensing Norgay © The Granger Collection NYC/Rue des Archives / Jackie et John Kennedy © Rue des Archives/BCA / Couronnement de Elizabeth II © Suddeutsche Zeitung /Rue des Archives / P.10 : 00/00/1996. 43e anniv. de la cocotte minute seb selongey © Jean-Luc PETIT/GAMMA / P.11 : 17/04/1989. La Patrouille de France © Chip HIRES/GAMMA / La patrouille de France © Rue des Archives/AGIP / James Bond 007 contre Dr No © Rue des Archives/BCA / Playboy © The Adverising Archives/Rue des Archives / Micro-ondes © The Granger Collection NYC/Rue des Archives / P.12 : Famille nombreuse © Rue des Archives/ AGIP / P.13 : Lit Parc © Rue des Archives/AGIP / Chambre d'enfants © Rue des Archives/CCI / P.14 : Publicité pour Teppaz ©Rue des Archives/PVDE / © Photothèque J.-L. Rancurel / P.16 : École primaire © Rue des Archives/AGIP . P.17 : Ecole © Rue des Archives/AGIP / Photo de classe © Rue des Archives/AGIP / Publicite pour Pelikan © Rue des Archives/Varma / Publicité pour la colle Scotch © Rue des Archives/Varma / BIC © Rue des Archives/Varma / P.18 : Greve au lycee Balzac ©Rue des Archives/AGIP / © Rue des Archives/Tal / P.19 : © Rue des Archives/Varma / P.21 : Vitrine © Gerald Bloncourt/Rue des Archives / Au rayon des jouets de Noël © Rue des Archives/ AGIP / Jeu de dînette © Rue des Archives/BCA / Poupée Barbie © Rue des Archives/AGIP / P.22 : Vitrines de Noël © Rue des Archives/AGIP / P.23 : © Rue des archives/AGIP / Saint Nicolas © Rue des Archives/VARMA / © Rue des archives/AGIP / P.24 : Citroën 2 CV © Rue des Archives/ AGIP / Jeunesse française © Gerald Bloncourt/Rue des Archives / Autos tamponneuses © Gerald Bloncourt/Rue des Archives / P.25 : Maison des jeunes et de la culture d'Epinay © Gerald Bloncourt/Rue des Archives / Soiree Salut les copains © Rue des Archives/AGIP / Tourne-disque © Rue des Archives/BCA / P.27 : Rentrée des classes © Rue des Archives/AGIP / Publicite pour OMO ©Rue des Archives/PVDE / Publicité pour Petit Bateau © Rue des Archives/PVDE / Publicité pour Devernois © Rue des Archives/PVDE / P.28 : Bac 1972 © Rue des Archives/AGIP / Manifestation pour la mini jupe © Rue des Archives/AGIP / © Rue des Archives / BCA / Publicité pour les bluejeans © Rue des Archives/PVDE / Publicite pour la lingerie Rosy «Collège» © Rue des Archives/PVDE / Mode tricot © Rue des Archives/AGIP / P.29 : D'ou viens-tu Johnny ? © Rue des Archives/AGIP / X / P.30 : Publicité pour Coca-cola, dans les années 1960 © Rue des Archives/PVDE / Publicité pour les chewing gum Hollywood © Rue des Archives/PVDE / © Rues des Archives/Narma / P.31 : Publicité pour Miko © Rue des Archives/PVDE / P.32 : JO de Innsbruck, 1964 : les soeurs Goitschel © Rue des Archives/AGIP / © Rue des Archives / Nancy Greene © Rue des Archives/AGIP / © Keystone-France / Guy Perillat © Rue des Archives/AGIP / P.33 © Keystone-France / JO de Tokyo, 1964 © The Granger Collection NYC/Rue des Archives / © Rue des Archives/AGIP / JO de Mexico, 1968 © Rue des Archives/RDA / Colette Besson © Rue des Archives/AGIP / JO de Mexico, 1968 © The Granger Collection NYC/Rue des Archives / P.34 : © Keystone-France / Elizabeth II d'Angleterre © Mary Evans/Rue des Archives / Coupe du Monde 1966 © Rue des Archives/AGIP / P.35 : © Keystone-France / Pele © Suddeutsche Zeitung/Rue des Archives / Pele 1970 © Suddeutsche Zeitung/Rue des Archives / © Rue des Archives/AGIP / P.36 : 24 heures du Mans 1965 © Rue des Archives/RDA / Graham Hill, 1972 © Picture Alliance/Rue des Archives / Départ des 24 heures du Mans 1967 © Rue des Archives/AGIP / © Keystone-France / P.37 : Anquetil et Poulidor © Rue des Archives/AGIP / Raymond Poulidor © Rue des Archives/AGIP / © Rue des Archives/AGIP / Eddy Merckx © Rue des Archives/AGIP / P.38 : Rue des Archives/AGIP / P.38 : Keystone-France / Roger Couderc © Rue des Archives/AGIP / P.39 : Mohamed Ali © Rue des Archives/BCA / Mohamed Ali © Rue des Archives/AGIP / © Rues des Archives/AGIP / Jerry Quarry © Rue des Archives/AGIP / P.40 : Rue des Archives/BCA / © J.-P Lenotre / Monterey pop © Rue des Archives/BCA / Mai 1968 © Rue des Archives/Collection Jean Jacques Allevi / © Rues des Archives/Varma / L'enrage © Rue des Archives/Tallandier / P.41 : Hair © Rue des Archives/AGIP / le mouvement hippie © Jacques PRAYER/GAMMA / © Rue des Archives/AGIP / Mouvement français pour le planning familial © Rue des Archives/Collection Jean Jacques Allevi / P.42 : Pierre Perret © Rue des Archives/AGIP / P.43 : © Keystone-France / P.44 / Michel Polnareff © Rue des Archives/AGIP / © Rue des Archives/AGIP / Patrick Juvet © Rue des Archives/AGIP / Frederic Francois © Rue des Archives/RDA / P.45 : © Rue des Archives/Gérlad Bloncourt / © Rues des Archives/AGIP / ©Keystone-France / Mike Brant © Rue des Archives/RDA / Mike Brant © Rue des Archives/AGIP / JIM MORRISON © Rue des Archives/BCA / The Doors © Rue des Archives/RDA / P.46 : Lisette © Rue des Archives/PVDE / Lisette © Rue des Archives/PVDE / P.47 : Donald Duck © Rue des Archives/RDA / P.54 : © Rue des Archives/RDA / P.55 : © Rue des Archives/RDA / ©Rue des Archives/RDA / © Rue des Archives/RDA / © Rue des Archives/RDA / ©Rue des Archives/RDA / © Rue des Archives/RDA / © Rue des Archives/RDA / © Rue des Archives/RDA / P.56 : © Rue des Archives/Collection CSFF / © Rue des Archives/RDA / © Rue des Archives/RDA / © Rue des Archives/RDA / P.56 : © Rue des Archives/RDA / © Rue des Archives/RDA / © Rue des Archives/DILTZ / © Rue des Archives/BCA / © Rue des Archives/Collection CSFF / © Rue des Archives/BCA / P.59 : © Mary Evans/Rue des Archives / © Mary Evans/Rue des Archives / © Rue des Archives/PVDE / © Rue des Archives/Collection CSFF / © Rue des Archives/Collection CSFF / © Rue des Archives/AGIP / P.60 : © Rue des Archives/BCA / © Rue des Archives/BCA / © Rue des Archives/RDA / P.61 : © Rue des Archives/PVDE / © Rue des Archives/BCA / P.62 : © Rue des Archives/AGIP / P.62 : © Alain Dister / P.63 : © Rue des Archives /BCA / © Alain Dister / © Alain Dister.